**Género** Narrativa de no ficción

**Pregunta esencial**

¿Cómo contribuyen las personas de diferentes culturas a una comunidad?



# Judy Baca

Anna Harris

CAPÍTULO 1

# La joven Judy Baca

¿Piensas que el "verdadero" arte solo cuelga en marcos polvorientos en las paredes de los museos de arte? ¡Vuelve a pensar! Algunas personas crean grandes obras de arte sobre paredes. Estas obras de arte se llaman **murales**.

Judy Baca es una artista estadounidense que hace murales. Nació en 1946. Su familia es de México. Cuando era niña, Judy vivía en Los Ángeles con su madre, dos tías y una abuela a la que adoraba.

**Un mural es una obra de arte pintada sobre una pared.**

A los seis años, Judy se mudó con su mamá a otra parte de la ciudad. El resto de su familia se quedó. Judy siempre había hablado en español. En el nuevo vecindario, no le permitían hablarlo en la escuela. Tenía pocos compañeros mexicoamericanos. Esto no la asustó.

Al principio, Judy tenía problemas para pronunciar y comprender palabras en inglés. La maestra solía darle materiales de arte cuando no podía practicar las lecciones. Pronto, a Judy le empezó a encantar la pintura. Al terminar la escuela, se convirtió en la primera de su familia en ir a la universidad. Estudió arte moderno.

Después de la universidad, Judy trabajó para la ciudad de Los Ángeles. Enseñaba arte en los parques de un vecindario llamado Boyle Heights. Diferentes grupos de adolescentes pasaban el rato en esos parques. Los grupos no se llevaban bien. Judy decidió reunir a 20 de los adolescentes para que la ayudaran a pintar un mural. Quería que trabajaran juntos sin pelearse. Los ayudó a dejar de lado sus diferencias.

Algunas personas de la comunidad trataron de detener el proyecto, pero Judy no lo abandonó. Cuando el mural estuvo terminado, a la gente le encantó. Vivían muchos mexicoamericanos en Boyle Heights. El mural invocaba su **herencia** mexicana. Se convirtió en un símbolo de **unidad**. El mural se llamaba *Mi abuelita*. Mostraba a una abuela mexicoamericana con los brazos abiertos. Parecía que estaba ofreciendo un abrazo.

*Mi abuelita* fue pintado en un parque en Boyle Heights.

El éxito de *Mi abuelita* ayudó a Judy a organizar un programa de murales en toda la ciudad. Judy trabajó con cientos de jóvenes. Juntos crearon alrededor de 500 murales en la ciudad de Los Ángeles. Judy quería que el programa de murales tuviera toda la libertad posible. Por eso, en 1976, ayudó a crear otro grupo. El grupo se llama *Social and Public Art Resource Center*, o SPARC, y crea arte para personas de diferentes orígenes y culturas.

**El artista Rip Cronk pintó este mural para SPARC en 1989.**

# Los murales de México

Los murales tienen una larga historia en México. Los antiguos mayas pintaban imágenes sobre las paredes de los templos. En el siglo XX, hubo tres muralistas famosos. Se llamaban Diego Rivera, José Clemente Orozco y David Alfaro Siqueiros. Ellos usaban murales para mostrar la historia mexicana y personas comunes en México. Judy Baca admiraba el trabajo de ellos.

Estas mujeres y sus bebés son parte de un mural de David Alfaro Siqueiros.

CAPÍTULO 2

# El gran muro de Los Ángeles

En 1976, pidieron a Judy que pintara un mural en una pared de concreto muy larga. Los Ángeles está conformada por personas de muchas culturas diferentes. Judy quería mostrar cómo todas esas personas han contribuido a California. Decidió pintar la historia del estado. El mural no solo muestra a mujeres y hombres famosos. También cuenta las historias de personas comunes.

El mural se llama *El gran muro de Los Ángeles* y empieza en el año 20,000 a. C. Muestra a los indígenas americanos que vivían en el área. Muestra la llegada de los españoles. Muestra a los **inmigrantes** en California. Muestra cómo algunos grupos eran maltratados. Muestra a afroamericanos e hispanos luchando por la igualdad de derechos.

Esta parte de *El gran muro* muestra a los primeros indígenas americanos que se asentaron en California.

Esta parte de *El gran muro* muestra a asiáticos americanos obteniendo la ciudadanía de EE. UU.

*El gran muro de Los Ángeles* es uno de los murales más largos del planeta. Más de 400 personas trabajaron en él de 1976 a 1983. Muchas de ellas eran adolescentes. Tenían muy diferentes orígenes. Hasta ahora, llevó alrededor de 75,000 horas pintar *El gran muro*. Sin embargo, Judy aún no terminó. ¡Ahora planea pintar los últimos sucesos y temas!

**Detective del lenguaje**

¿Por qué planeta no se escribe con mayúscula inicial?

**Este equipo de pintores trabajó en *El gran muro de Los Ángeles* en la década de los ochenta.**

# El cuidado de *El gran muro*

*El gran muro* se está poniendo viejo. Algunas partes tienen más de 40 años. Ha hecho frente al sol, la lluvia y la contaminación. Los colores estaban perdiendo intensidad, y parte de la pintura se estaba descascarando. Ahora lo están restaurando. Un equipo de personas lo está limpiando. ¡Están recuperando los colores intensos y las imágenes!

**Judy está ayudando a un equipo de personas a limpiar y volver a pintar *El gran muro*.**

CAPÍTULO 3

# Trabajo más reciente

En 1996, Judy fundó el Laboratorio de Murales Digitales. Allí la gente usa computadoras para crear murales. El primer proyecto se llamó *Testigos de la Historia de L. A.* Judy y estudiantes universitarios hicieron seis **imágenes digitales** grandes. Cada una representaba a un grupo cultural diferente. Judy quería mostrar la importancia de todos los grupos. Todos forman parte de la historia de Los Ángeles.

| Detective del lenguaje | ¿Cuál es el sujeto en la oración subrayada? |
|---|---|

Uno de los murales muestra a Biddy Mason, que fue liberada de la esclavitud luego de llegar a California. Se convirtió en una enfermera que alimentaba y daba asilo a los pobres.

Este cartel muestra a dos adolescentes "hablando" del futuro.

En 1999, 125 adolescentes de 14 años formaron parte del Proyecto Hombro a Hombro. Todos provenían de diferentes orígenes y culturas. Cada uno trabajó con alguien a quien no hubiera conocido en su vida cotidiana. Hablaron sobre sus similitudes y diferencias. Investigaron en bibliotecas. Crearon obras de arte que mostraban lo que habían aprendido. Transformaron el arte en carteles. Cientos de esos carteles se colgaron en toda Los Ángeles.

Los Ángeles es conocida como la ciudad de los murales. Eso se debe en parte a Judy Baca, que hizo de Los Ángeles un lugar más colorido donde vivir. Ayudó a llenar de imágenes las calles de Los Ángeles. Esas imágenes muestran las luchas, las esperanzas y los sueños de las personas de la ciudad.

***El gran muro de Los Ángeles*** **podría ser el mayor logro de Judy Baca.**

"¡Ten la imaginación más grande que puedas! Si no puedes soñarlo, no podrá ocurrir".

—**Judy Baca**

# Respuesta a la lectura

## Resumir

Usa detalles de *Judy Baca* para resumir la selección. Usa el organizador gráfico como ayuda.

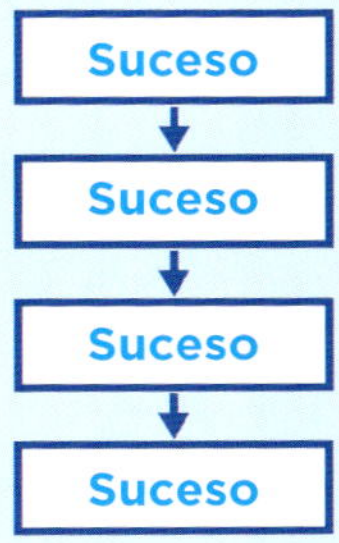


## Evidencia en el texto

1. ¿Cómo sabes que *Judy Baca* es un texto de no ficción? **Género**

2. En las páginas 3 y 4, ¿qué palabras o frases muestran los sucesos en orden? **Secuencia**

3. Busca *maltratados* en la página 8. ¿Qué claves te ayudan a descifrar su significado? **Palabras compuestas**

4. Escribe sobre cuatro proyectos de Baca en el orden en que ocurrieron. **Escribir sobre la lectura**

**Género** Texto expositivo

## Compara los textos

Lee sobre tres vecindarios de Los Ángeles, la ciudad natal de Judy Baca.

# Los Ángeles vibrante

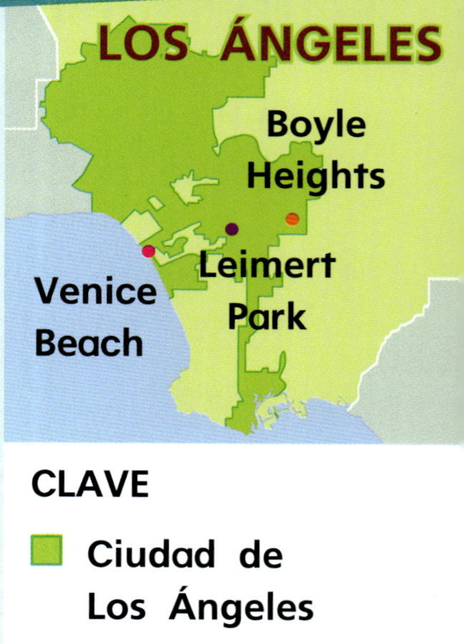


¿Quieres conocer Los Ángeles? Tiene algunas comunidades fabulosas.

## Leimert Park

Leimert Park es el hogar de muchos artistas y músicos. Los famosos cantantes Ray Charles y Ella Fitzgerald vivieron allí. Además, tiene el micrófono abierto de hip-hop que más tiempo lleva funcionando.

## Boyle Heights

Boyle Heights tiene una gran población hispana. Una esquina popular es Mariachi Plaza. Allí es donde las bandas de mariachis van a buscar trabajo. Tocan música juntas por las tardes. Otras personas conducen hasta allí para escuchar la música. Contratan a sus bandas favoritas para que toquen en bodas y fiestas.

Los músicos mariachis tocan en Mariachi Plaza.

## Venice Beach

Muchos artistas callejeros se reúnen en ese lugar. Dan al área un toque circense. Venice Beach también atrae a personas que no temen tropezarse y caer. Tiene una zona para trepar por cuerda y hacer acrobacias. Los jugadores de básquetbol van a practicar sus habilidades en las canchas. Algunas estrellas de la NBA pasaban el rato allí antes de hacerse famosos.

**Los jugadores ponen a prueba sus habilidades con el balón en Venice Beach.**

### Haz conexiones

¿Qué habilidades o talentos lleva la gente a cada uno de los tres vecindarios? **Pregunta esencial**

¿En qué se parece Judy Baca a la gente de los tres vecindarios? ¿En qué se diferencia? **El texto y otros textos**

# Glosario

**herencia** ideas y tradiciones transmitidas desde el pasado ***(página 4)***

**imagen digital** imagen hecha con computadora ***(página 12)***

**inmigrante** persona que se muda a Estados Unidos desde otro país ***(página 8)***

**mural** obra de arte grande pintada sobre una pared ***(página 2)***

**unidad** sentimiento de unión o acuerdo ***(página 4)***

# Índice

## Enfoque:
# Estudios Sociales

**Propósito** Diseñar un mural para tu vecindario

### Paso a paso

**Paso 1** Elige una pared en blanco en tu vecindario.

**Paso 2** Averigua más sobre las personas y los lugares que hay en los alrededores. Puedes enfocarte en el pasado o en el presente.

**Paso 3** Elige una persona o un suceso.

**Paso 4** Diseña un mural sobre tu tema. Traza las imágenes principales en papel o computadora. Incluye todos los detalles posibles.

**Conclusión** ¿Qué aprendiste sobre tu vecindario?